看漫画，学成语！

米小圈趣学系列

米小圈

漫画成语

画蛇添足

北猫 编著

四川少年儿童出版社

画蛇添足

前言

亲爱的同学们，你们好吗？你们一定比我米小圈过得好，因为我们学校下周就要举办一场“成语大赛”了。倒霉的是，老妈居然也给我报了名。

老妈把一本厚厚的《成语词典》放到我的桌子上：“米小圈，把这本词典都背下来，你就可以成为学校的

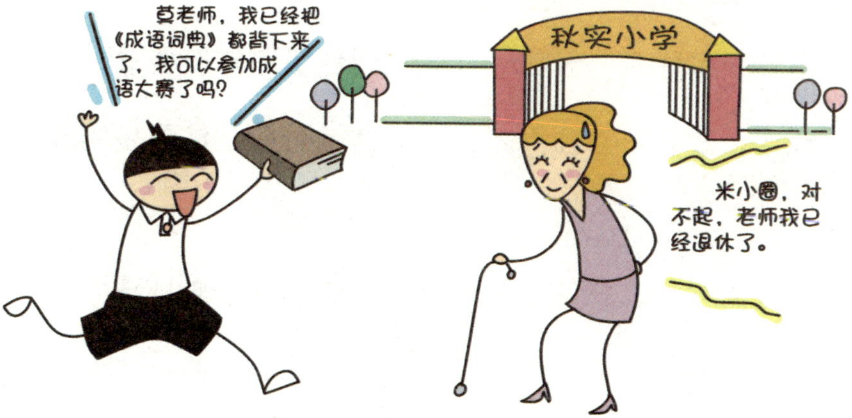

成语状元了。"

可是这么厚一本《成语词典》，我要背到何年何月呀?！等我都背下来，说不定我都已经小学毕业了。更讨厌的是，这本《成语词典》太枯燥了，一点儿都不好看。要是成语可以像漫画一样好看那就好了。

第二天，我的好朋友姜小牙举着一本书走到我面前："米小圈，谁说成语不可以像漫画一样好玩？这本《漫画成语》送给你，祝你成为成语状元。"

我打开这本漫画成语书，立刻就被里面啼笑皆非的情节吸引住了。天哪！我居然记住了"啼笑皆非"这个成语，我要多看几页才行，这样就可以记住更多的成语了。

同学们，快快和我一起打开这本《漫画成语》吧！

目录

画蛇添足

liǎng bài jù shāng

两败俱伤

解释

俱：全，都。争来争去，两方面都受到损害。

造句

这场仗一旦打起来，双方一定会**两败俱伤**。

近义词 反义词

近义词：两虎相斗 鹬蚌相争

反义词：两全其美

两败俱伤

láo yì jié hé

劳逸结合

解释

指既要积极工作，又要适当休息。

造句

学习要注意**劳逸结合**，不要伤了身体。

近义词 反义词

近义词：一张一弛 有劳有逸

反义词：废寝忘食

劳逸结合

米小圈，你今天学习很认真嘛。
今天作业很多。
不过也要劳逸结合，来！吃点儿水果吧。
什么是劳逸结合？
劳逸结合就是学习与休息相结合。
我明白了。
你已经看了两个小时的漫画书了，快去写作业！
是你说让我劳逸结合的。

jīn bǎng tí míng
金 榜 题 名

解释

金榜：古代科举时，殿试揭晓的榜。题：写。原指科举得中。后泛指榜上有名，考上学校。

造句

姜小牙盼着自己也有**金榜题名**的那一天。

近义词 反义词

近义词：蟾宫折桂 雁塔题名

反义词：名落孙山

金榜题名

老师希望看到大家金榜题名的那一刻。
老师，我今天就金榜题名了。
真的吗？
下课我带你去看看。
米小圈，这是批评榜，不是金榜。
老师你看！我上榜了。
批评
米小圈同学放学时翻学校的院墙，这是很危险的行为。特此提出严厉批评。

sān cháng liǎng duǎn

三长两短

解释

泛指意外的灾祸或事故。也特指人的死亡。

造句

你开车时不注意安全，万一发生意外，你有个**三长两短**，我可怎么向你的家人交待！

近义词 反义词

近义词：无妄之灾

反义词：安然无恙

三长两短

你家里人来了吗？
大夫我到底得了什么病？你就直说吧。
看来我得了绝症。
谁说你得了绝症？
这五根手指三长两短，看来我要有个三长两短了，呜呜……
我的意思是让你不要胡思乱想。
哼！那你不直说！

jì yì yóu xīn
记忆犹新

解释

犹：还。过去的事还记得很清楚，就像新近发生的一样。

造句

当初被魏老师表扬的情景，铁头至今**记忆犹新**。

近义词 反义词

近义词：念念不忘 历历在目

反义词：浮光掠影

记忆犹新

同学们，新的一年到来了。
新年快乐
大家在过去的一年里有什么令自己记忆犹新的事吗？
老师，我有。
在这一年里，米小圈一共迟到四十七次，令我记忆犹新。
李黎，我跟你有仇吗？
米小圈有四十七次迟到吗？哼！米小圈我要找你妈妈谈谈。
不要呀！

yā què wú shēng
鸦雀无声

解释

乌鸦、麻雀没有发出声音。形容非常寂静。

造句

一听魏老师说要考试，教室里顿时**鸦雀无声**。

近义词 反义词

近义词：万籁俱寂

反义词：人声鼎沸　沸反盈天

鸦雀无声

同桌，你能借我橡皮用一用吗？
米小圈，你在说什么？
我只是在借橡皮。
我说过多少遍了，上课时要鸦雀无声。
不许说话，要鸦雀无声。
米小圈，你在干什么？
老师，你听！这只麻雀在说话。
你给我回到座位上。

zì chuī zì léi
自吹自擂

解释

吹：吹喇叭。擂：打鼓。自己吹喇叭，自己打鼓。比喻自我吹嘘。

造句

爱**自吹自擂**的人，很难受到大家的喜爱。

近义词 反义词

近义词：大吹大擂 大言不惭

反义词：深藏若虚 虚怀若谷

自吹自擂

我米小圈是最聪明的。
又吹牛。
提问：猩猩最怕什么？
最怕平行线，因为永远没有相交(香蕉)。
怎么样？我很聪明吧。
哼！自吹自擂。
米小圈，你怎么错了这么多题？
这也叫聪明？
我不太会做呀。

duō cǐ yì jǔ
多 此 一 举

解释

举：举动，行动。指这一行动完全是多余的，不必要的。

造句

铁头从来就没认为自己这么做是**多此一举**。

近义词 反义词

近义词：画蛇添足 弄巧成拙

反义词：必不可少 不可或缺

多此一举

你知道有个歇后语叫“脱裤子放屁——多此一举”吗？
知道呀。
所以我从来不多此一举。
你什么意思？
嘻嘻！
谁放屁了？好臭呀！
没错！就是我。
放屁大王。

bào tiào rú léi
暴跳如雷

解释

暴：急躁。急躁得蹦跳呼叫，像打雷一样。形容人盛怒或情急的样子。

造句

铁头爸看到铁头只得了 20 分的试卷，气得**暴跳如雷**。

近义词 反义词

近义词：气急败坏 大发雷霆

反义词：心平气和 和颜悦色

暴跳如雷

biàn huà wú cháng

变化无常

解释

常：规律，准则。形容事情经常变化不定，无法捉摸。

造句

最近的天气总是忽冷忽热，**变化无常**。

近义词 反义词

近义词：千变万化 变幻莫测

反义词：一成不变

变化无常

米小圈，据说今天有雨。
这大晴天的怎么可能下雨呢。
带上雨伞吧，以防万一。
我才不带呢，多麻烦。
哈哈，哪里有雨呀？
呜呜……这天气真是变化无常，早知道就听妈妈的话了。

měi zhōng bù zú

美中不足

解释

指人或事物总的说来很好，但其中还略有不够完美的地方。

造句

今天的午饭特别好吃，**美中不足**的是菜有点儿不够吃。

近义词 反义词

近义词：白璧微瑕

反义词：十全十美 尽善尽美

美中不足

李黎，你今天穿得很漂亮。
那是自然。
不过美中不足……
你说什么？
美中不足的是你的脾气太暴躁了。
我脾气很好的呀！
不要闹了，要上课了。
李黎发火时真的好丑。

bì mén sī guò
闭门思过

解释

关起门来反思自己的过错。

造句

米小圈把邻居家的玻璃打碎了，他妈妈罚他在家**闭门思过**。

近义词 反义词

近义词：反躬自责 三省吾身

反义词：执迷不悟 文过饰非

闭门思过

米小圈，你怎么才考了40分？
可是我已经够努力了。
40
这个假期你就不要出去玩了，给我闭门思过。
啊？不要呀！
妈妈，开门呀！
妈妈，我以后再也不贪玩了。
这还差不多。

hào chī lǎn zuò
好吃懒做

解释

好：喜好。懒：懒惰。形容贪图吃喝享受，不愿意劳动。

造句

魏老师教育大家不要做一个**好吃懒做**的人。

近义词 反义词

近义词：好逸恶劳

反义词：不辞辛苦 吃苦耐劳

好吃懒做

铁头，你不是已经吃过晚饭了吗？
可我还是觉得好饿。
作业写完了吗？
就差一个成语不会写。
什么成语这么难？
我不知道“好吃懒做”是什么意思。
看见了吗？你这个样子就是好吃懒做。
是这样呀。

luàn qī bā zāo
乱七八糟

解释

形容非常杂乱，毫无条理的样子。

造句

米小圈的房间总是**乱七八糟**的。

近义词 反义词

近义词：杂乱无章 一塌糊涂 乌七八糟

反义词：井井有条 有条不紊

乱七八糟

同学们，我们在写作业的时候一定要字迹工整。
好的。
铁头，你看你的作业，字写得歪歪扭扭的。
而且这些成语也解释得乱七八糟的。
老师，我写得很认真呀。
特别是“好吃懒做”这个成语，你的解释竟然是你自己？
嘻嘻，这是我爸爸教我的。

xīn huī yì lěng
心灰意冷

解释

灰：失望。灰心失望，意志消沉。

造句

这篇文章怎么背也记不住，铁头有些**心灰意冷**。

近义词 反义词

近义词：灰心丧气 万念俱灰

反义词：踌躇满志

心灰意冷

我太笨了，不想学习了。
铁头，不要心灰意冷，老师觉得你一点儿都不笨。
老师来帮你补习功课。
太好了。
@#$%&#@%%
$&#@#
铁头，我教你的都记住了吗？
记住了。对了！老师，你刚才都教了什么？

wú néng wéi lì

无能为力

解释

使不上劲，帮不上忙。指没有能力去做好某件事或解决某个问题。

造句

事情发展到了这个地步，米小圈和姜小牙都已经**无能为力**了。

近义词 反义词

近义词：力不从心

反义词：得心应手 力所能及

无能为力

“负荆请罪”的意思是背着荆条向人请罪。
铁头，你来重复一遍。
意思是背着金条向人请罪。
金条？
没错！我猜这个人一定会原谅他的。
呜呜，我真的无能为力，这学生我教不了了。
老师，你怎么哭了？

fù jīng qǐng zuì
负荆请罪

解释

负：背负。荆：荆条。背负着荆条，上门请求责罚。形容悔改过错后主动认错赔罪。

造句

米小圈突然意识到了自己的错误，马上跑去李黎家向她**负荆请罪**。

近义词 反义词

近义词：引咎自责 赔礼道歉

反义词：死不悔改

负荆请罪

铁头，这些就是荆条。
我还以为是金条呢。
米小圈，我来负荆请罪了。
你也没得罪我呀？
我把你的漫画书弄丢了。
什么？
赔钱！赔钱！
就不赔！就不赔！

bù huān ér sàn
不欢而散

解释

散：分手，离开。很不愉快地分手。

造句

没想到这次聚会就这么**不欢而散**了。

近义词 反义词

近义词：一哄而散

反义词：济济一堂 欢聚一堂

不欢而散

铁头，把我的漫画书还给我。
我不小心弄丢了。
哼！我不跟你做朋友了。
不可以！米小圈，你可是我最好的朋友呀。
那你就把买漫画书的钱赔给我。
这样呀？那还是不做朋友吧。
再见！
哼！

mò bù guān xīn
漠不关心

解释

漠：冷漠。态度冷漠，一点儿也不关心。

造句

姜小牙的爸爸总是忙于自己的工作，对姜小牙的学习**漠不关心**。

近义词 反义词

近义词：漫不经心 不闻不问

反义词：关怀备至 体贴入微

漠不关心

米小圈，你就原谅铁头吧！
他把我的漫画书弄丢了，我绝对不能原谅他。
铁头，你向米小圈道歉吧！
我是绝对不会向他道歉的。
哼！
哼！

liǎng quán qí měi
两全其美

解释

做一件事圆满地照顾到两个方面，使两方面都得到好处。

造句

既不用运动，又不用节食，这种**两全其美**的减肥方法铁头始终想不出来。

近义词 反义词

近义词：一举两得

反义词：两败俱伤　玉石俱焚　顾此失彼

两全其美

看来我得想一个两全其美的办法才行。
这是铁头赔你的漫画书，他知道是自己不对。
他真是这么说的？
这本漫画书是米小圈借给你的。他还说就算你弄丢了也不会怪你。
米小圈真的这么慷慨吗？
我们再也不吵架了。
你可真是我的好朋友。
呜呜……我的漫画书呀！

猜成语

（答案见 132 页）

猜成语

（答案见 132 页）

yì xiǎng tiān kāi
异想天开

解释

异：奇特。天开：天门被打开。形容想法离奇，完全不符合实际。

造句

米小圈不想努力练习绘画，却想成为大画家，真是**异想天开**！

近义词 反义词

近义词：想入非非　胡思乱想

反义词：脚踏实地　实事求是

异想天开

米小圈，你衣服上的口袋好有趣呀。
我的口袋想变什么就变什么。
我想要一个能让别人听话的道具。
没问题。
真的吗？
听话棒棒糖。谁吃了这个棒棒糖，谁就会听你的话。
别异想天开了，快把作业交上来。
哦！

bù móu ér hé
不谋而合

解释

谋：商量。没有经过商量但意见或行动却一致。

造句

在一些问题上，米小圈和姜小牙总能**不谋而合**。

近义词 反义词

近义词：不约而同

反义词：见仁见智 众说纷纭

不谋而合

我们今天放学去荡秋千好不好？
可是我爸爸不让我放学出去玩。
姜小牙，你和我想的一模一样。
我们可以说，老师留我们放学补习功课。
我们简直是不谋而合呀。
我不想说谎，我不去了。
等一下，你俩留下来，我给你们补习功课。
啊？谎言成真了。

lǐ zhí qì zhuàng
理直气壮

解释

直：公正，正确。理由正确充分，说话气势就很足。

造句

姜小牙这次没有说谎，所以他特别**理直气壮**。

近义词 反义词

近义词：义正词严 振振有词

反义词：理屈词穷 张口结舌

理直气壮

米小圈，你怎么才回来？
老师留我和姜小牙补习功课。
说谎！你一定是去玩了。
没有！我没有说谎。
老师，请问米小圈放学后是在学校补习功课吗？
是的！没错。
米小圈，是妈妈不对，不该不相信你。
哼！

mào míng dǐng tì

冒名顶替

解释

假冒别人的姓名，代他去做某事或窃取其权利、地位。

造句

铁头做了好人好事，却被别人**冒名顶替**了。

近义词 反义词

近义词：假名托姓 张冠李戴 偷梁换柱

反义词：名副其实

冒名顶替

请问五班的班长在吗？
我就是班长，有什么事吗？
请你派几位同学去取新书。
米小圈，你竟然敢冒名顶替。
放心吧，本班长一会儿就派人去取。
为了惩罚你，我派你一个人去搬新书。
什么！

jiàn sǐ bú jiù
见死不救

解释

见到面临死亡威胁的人而不去援救。比喻人冷酷无情。

造句

这个人利欲熏心，**见死不救**，应该受到人们的谴责。

近义词 反义词

近义词：漠然置之 坐视不救 隔岸观火

反义词：见义勇为 救死扶伤 舍己为人

见死不救

米小圈，你看！有人要跳河。
不好！
米小圈，我们快去救他吧。
可是我们不会游泳呀。
我们可以去叫人来救他。
我们不能见死不救。
救命呀！有人跳河了。
谁跳河了，我在游泳！

ān rán wú yàng

安然无恙

解释

恙：疾病，借指灾祸。平安无事，没有遭到损害。泛指事物没有遭受损害。

造句

看到徐豆豆**安然无恙**，大家都松了口气。

近义词 反义词

近义词：平安无事 安然无事

反义词：危如累卵 危在旦夕 祸从天降

安然无恙

呜呜……我爸爸说我要是不及格就要把我打成照片。
不会的，你爸爸就是吓唬你。
20
铁头，我就说你会安然无恙吧！你爸爸不会真的把你打成照片的。
是呀！
哎呀！我屁股好疼呀。
你爸爸不会打你屁股了吧？

jīn fēi xī bǐ

今非昔比

解释

现在不是过去所能相比的。形容变化非常大。

造句

现代的科学技术，真是**今非昔比**。

近义词 反义词

近义词：日新月异

反义词：依然如故 每况愈下

今非昔比

米小圈，你今天居然没迟到？
我已经今非昔比了，以后都不会迟到了。
是什么让你有这么大的变化？
没什么，只不过……
只不过什么呀？
只不过我妈妈给我买了十几个闹钟，好烦呀！
米小圈，快起床！
丁零零

huà shé tiān zú
画蛇添足

解释

蛇画得好好的，又凭空添上几只脚。比喻多此一举，弄巧成拙。

造句

姜小牙这篇作文已经写得很完整了，米小圈再加上两句只会是**画蛇添足**。

近义词 反义词

近义词：多此一举 节外生枝 弄巧成拙

反义词：恰到好处 画龙点睛

画蛇添足

米小圈，你画的是什么？
我画的是一条蛇呀。
明明就是蚯蚓。
你是在画蛇添足吗？
稍等，我给它添上足。等着瞧！
这条毛毛虫怎么样？
还真挺像的。

jìn tuì liǎng nán
进退两难

解释

前进有困难，后退也有困难。形容处境艰难。

造句

徐豆豆现在**进退两难**，彻底不知道怎么办了。

近义词 反义词

近义词：进退维谷 左右为难

反义词：进退自如

进退两难

rú chū yì zhé
如出一辙

解释

辙：车辙，车轮压出的痕迹。好像出于同一个车辙。形容事情或言行非常相像。

造句

米小圈和姜小牙的说法**如出一辙**，看来他们早就商量好了。

近义词 反义词

近义词：相差无几 大同小异

反义词：大相径庭 迥然不同

如出一辙

“如出一辙”是形容两件事非常相似，大家记住了吗？
记住了。
谁能用“如出一辙”造句？
我能！
昨天我把作业借给了铁头，所以我俩的作业如出一辙。
什么？
铁头，你怎么能抄别人的作业呢？
坏人米小圈。
铁头，我对不起你。

dà nàn lín tóu
大难临头

解释

难：灾难。临：降临。大祸落到头上了。

造句

看米小圈笑得这么开心，他一定不知道马上就要**大难临头**了。

近义词 反义词

近义词：大祸临头　祸从天降

反义词：喜从天降

大难临头

铁头，不好了，你要大难临头了。
什么？！
我借你作业本的事被魏老师知道了。
这可怎么办呀！
米小圈，你帮我顶罪吧。
亏你想得出来。
米小圈，你就是这么帮助朋友的吗？
我真的不想跟他做朋友了。

bù gān shì ruò

不甘示弱

解释

甘：甘心，情愿。示：显示，表现。不甘心显示出比别人差。

造句

李黎在学习上从来都是**不甘示弱**的。

近义词 反义词

近义词：不甘人后 力争上游

反义词：甘拜下风

不甘示弱

yīn huò dé fú

因祸得福

解释

遭灾之后反而得到好处。指坏事变好事。

造句

他丢了工作，却**因祸得福**，因为丢工作迫使他自己创业并取得了成功。

近义词 反义词

近义词：塞翁失马 转祸为福

反义词：乐极生悲

因祸得福

米小圈，你知道这样有多危险吗？
老师，我真的不知道。
好了，你回家休息吧，今天的作业不用写了。
太好了，真是因祸得福呀。
阿姨，我是来给米小圈补习功课的。
米小圈，赶紧把这些作业写了。
我都伤成这样了，你怎么还不放过我？

jì wǎng bú jiù

既往不咎

解释

既：已经。往：过去。咎：责备，加罪。对过去做错的事不再责备。

造句

看到周然的认错态度这么诚恳，魏老师决定对他的过错**既往不咎**。

近义词 反义词

近义词：不念旧恶 宽大为怀

反义词：睚眦必报

既往不咎

诚实
今天班会的主题是"诚实"，大家说说曾经做过的坏事吧。
傻子才说呢。
放心吧，过去的事我一概既往不咎。米小圈，你来说。
啊？
什么？
有一次你批评我，我一生气就往你的椅子上抹了胶水。
这件事原来是你干的！叫你家长来一趟！
呜呜……你说过既往不咎的。

shǐ kǒu fǒu rèn
矢 口 否 认

解释

矢：发誓。矢口：一口。一口咬定，坚决不承认。

造句

张爽对自己做的坏事**矢口否认**。

近义词 反义词

近义词：矢口抵赖

反义词：供认不讳 不打自招

矢口否认

米小圈，你竟敢往我的椅子上抹胶水。
老师，我刚才是开玩笑的。
你矢口否认也没用，叫你家长来一趟。
老师，我真的知道错了。
老师，我回去一定好好教育他。
好吧！
爸爸，我再也不敢了。
哼！

kuā dà qí cí

夸大其词

解释

词：词语。指说话、写文章时用语夸张，超过事实。

造句

徐豆豆讲述一件事的时候总是喜欢**夸大其词**。

近义词 反义词

近义词：言过其实 夸夸其谈

反义词：恰如其分 恰到好处

夸大其词

我昨天遇见了一件特别可怕的事。
什么事？
我看见了一匹狼，吓得我撒腿就跑。
夸大其词！城市里怎么可能有狼呢？
不信我带你去看看。
那走吧！
胆小鬼，它明明只是一条狼狗。
汪！汪！
奇怪，我昨天怎么看成了狼？

qiú zhī bù dé
求之不得

解释

求取而未得到。形容十分急切地想得到。

造句

能被邀请参加中外小学生足球友谊赛是米小圈**求之不得**的。

近义词 反义词

近义词：梦寐以求

反义词：唾手可得 如愿以偿

求之不得

米小圈，我打算换一个座位。
真的吗？太棒了！
哼！难道你就没有一点儿不舍吗？
这可是我求之不得的事呀。
老师！我要换座。
太棒了。
这回看黑板清楚多了。

láo ér wú gōng

劳而无功

解释

付出劳动却没有收到成效。

造句

周然费了很大工夫，最终却**劳而无功**。

近义词 反义词

近义词：枉费心机 徒劳无益

反义词：不劳而获 坐享其成

劳而无功

黑板怎么没人擦？
嘻嘻，如果老师看见我在擦黑板，一定会表扬我的。
米小圈，你在做什么？
老师，这些都是我应该做的，就不用表扬我了。
这是我刚刚写的题，你怎么给擦了？
啊？是这样呀！

xuán yá lè mǎ

悬崖勒马

解释

悬崖：又高又陡的山崖。在悬崖边勒住了马。比喻面临危险能够及时醒悟回头。

造句

发现做错事了就要**悬崖勒马**及时改过。

近义词 反义词

近义词：迷途知返 改邪归正

反义词：执迷不悟

悬崖勒马

bù huāng bù máng

不慌不忙

解释

形容从容、镇静，不慌张。

造句

马上就要迟到了，徐豆豆仍然**不慌不忙**地边走路边看风景。

近义词 反义词

近义词：从容不迫 处之泰然

反义词：手忙脚乱 惊慌失措

不慌不忙

不好！迟到了。
铁头，迟到了，你怎么还不慌不忙地走呢？
反正已经迟到了，着什么急呀！
有道理。
迟到五分钟我是可以原谅的，可你们居然迟到了十五分钟！
都怪铁头。
早知道就抓紧时间了。

猜成语

（答案见 132 页）

藏宝图

（找出图里藏着的成语。）

浅	异	想	天	开	门	见	山	曲
莫	花	与	北	丰	书	白	齐	分
取	中	大	快	人	心	灰	优	合
校	见	吃	月	山	又	意	区	折
两	低	一	表	人	才	冷	东	哄
全	正	惊	品	海	原	博	信	堂
其	夏	天	动	地	大	物	本	大
美	众	飞	生	且	千	九	雪	笑
中	不	足	智	多	谋	刀	藏	里

（答案见 132 页）

bù bái zhī yuān
不白之冤

解释

白：弄清楚。冤：冤枉，冤屈。指无法辩白或无处申诉而被迫忍受的冤枉。

造句

为了洗清自己的**不白之冤**，姜小牙向魏老师解释了一整天。

近义词 反义词

近义词：负屈含冤 沉冤莫白

反义词：平反昭雪 拨云见日 水落石出

不白之冤

lòu dòng bǎi chū
漏洞百出

解释

比喻说话、写作或办事不周密，破绽很多。

造句

老师读了一篇**漏洞百出**的作文，同学们听完哄堂大笑。

近义词 反义词

近义词：破绽百出

反义词：天衣无缝 滴水不漏

漏洞百出

米小圈，你写的作文漏洞百出。
哪里有漏洞呀？
你写道：西瓜树很漂亮。西瓜不是长在地上的吗？
是长在地上的吗？
你还把“花环”写成了“花圈”。
哎呀！笔误了。
给我重写！
好吧。

xìn kǒu kāi hé
信口开河

解释

信口：随便。没有任何根据，不负责任地随便乱说。

造句

张爽这个人喜欢**信口开河**，他说的话不能全信。

近义词 反义词

近义词：信口雌黄 胡说八道

反义词：信而有征 言之凿凿

信口开河

告诉你一个秘密。
什么秘密？
校长是我三姨夫的六舅。
才不信呢！吹牛！
所以你可不要得罪我哦！
我问校长去。
米小圈，你怎么能信口开河呢？
就是他说的。
被揭穿了，呜呜……

jī máo suàn pí
鸡毛蒜皮

解释

像鸡毛、蒜皮一样的东西。比喻无关紧要的小事或无价值的东西。

造句

爸爸和妈妈总是因为**鸡毛蒜皮**的小事大吵大闹。

近义词 反义词

近义词：鸡零狗碎 区区小事 细枝末节

反义词：举足轻重 非同小可 硕大无朋

鸡毛蒜皮

老师，铁头
偷吃了我的糖。
这种鸡毛蒜皮的
小事自己去解决。
铁头，把糖
还给我。
好吧，
给你。
嘻嘻，味道
怎么样？
有一股橡皮
的味道。
它本来
就是橡皮。
呸！呸！铁头，
我跟你没完。

fǎn mù chéng chóu
反目成仇

解释

反目：翻眼相看，指不和睦。指双方不和，以致成了仇人。

造句

何伟和姜小牙因为一点儿小事居然**反目成仇**了。

近义词 反义词

近义词：反眼不识

反义词：患难与共

反目成仇

好吧，我帮你安排一个座位。
老师，我得了远视眼，我要换座。
胡扯！
米小圈，你和姜小牙换一下座位。
太棒了！
哼！
我不想换座。
不要再哭了。
姜小牙你怎么不理我了？
哼！我再也不想理你了。

tiě miàn wú sī
铁面无私

解释

形容公正严明，不怕权势，不讲情面。

造句

同学们都认为魏老师是一个**铁面无私**的人。

近义词 反义词

近义词：大公无私 公正无私

反义词：营私舞弊 徇私枉法

铁面无私

米小圈，你居然打碎了花盆。
看在同桌的分儿上，你就别告诉老师了。
不行！我李黎一向铁面无私。
求求你了。
我可是你的亲同桌呀，从小学一年级我就坐在你旁边。
不行，我要大义灭亲。
你说！在这套《漫画成语》书中你一共打碎了多少花盆？
七八个总有了吧。

yán bù yóu zhōng

言不由衷

解释

由：从。衷：内心。说的话不是从内心发出来的。即说的不是真心话，心口不一。

造句

米小圈**言不由衷**地说同意李黎当班长。

近义词 反义词

近义词：口是心非 心口不一

反义词：心口如一 倾心吐胆

言不由衷

同学们，今天班会的主题是“我的同桌”。
我的同桌
我的同桌是个讨厌鬼。
米小圈，你先说。
我的同桌是个温柔善良的女孩，她的脾气特别好。
这还差不多。
米小圈，我怎么觉得你有点儿言不由衷呢？
可以说实话吗？
我的同桌脾气很坏，总喜欢多管闲事，我要换座。
米小圈，我跟你没完！

xiōng yǒu chéng zhú

胸有成竹

解释

成竹：现成的、完整的竹子。比喻处理事情心里先有主意，做起来很有把握。

造句

对于这次的期末考试，姜小牙显得**胸有成竹**。

近义词 反义词

近义词：心中有数 十拿九稳

反义词：心中无数 计无所出

胸有成竹

一会儿你要去考试了，学得怎么样了？
放心吧，我已经胸有成竹了。
现在我们来考试。
米小圈，你怎么光着膀子？
嘻嘻，因为我胸有成竹呀！
快把衣服穿上。

zàn bù jué kǒu
赞不绝口

解释

绝：停止。不停地称赞。形容非常赞赏。

造句

大家对米小圈的魔术表演**赞不绝口**。

近义词 反义词

近义词：啧啧称赞 赞叹不已 拍案叫绝

反义词：嗤之以鼻

赞不绝口

你好呀！好久不见了。
我们认识吗？
哎呀！你不就是五班那个最聪明的学生吗？
没错！就是我。
听说你聪明伶俐，品学兼优，热爱劳动，我真的好佩服你呀。
我真有这么多优点吗？
你叫车驰对不对？
那个人才是车驰。再见，不送！

zhēng xiān kǒng hòu
争先恐后

解释

恐：恐怕。争着向前，恐怕落后。比喻要求进取、上进的精神。

造句

同学们**争先恐后**地报名参加学校的艺术节。

近义词 反义词

近义词：不甘人后

反义词：甘居人后

争先恐后

今天我捡到一个悠悠球，是谁的？
是我的。
是我的。
其实是我的。
可是只有一个悠悠球，你们谁能证明它是你的？
我能！
他们说谎，其实是我的，上面有个地方被磨坏了。
还真是被磨坏了。
你们竟然争先恐后地说谎！面壁思过去！

bú yì ér fēi
不 翼 而 飞

解释

不翼：没有长翅膀。没有长翅膀竟突然飞走了。比喻言论或消息不待宣传就迅速传播。也比喻东西突然丢失。

造句

姜小牙放在书包里的钢笔**不翼而飞**了，米小圈打算帮他调查一下。

近义词 反义词

近义词：不胫而走

反义词：合浦珠还

不翼而飞

我的钢笔不翼而飞了，呜呜……
我有办法帮你找到。
大家看，我有一支漂亮的钢笔。
也不怎么漂亮呀。
谁来拿这支笔谁就是嫌疑人。
怎么还没人拿我的钢笔呀？
可能是你的钢笔太丑了。

jiē èr lián sān
接 二 连 三

解释

一个接着一个，连续不断。

造句

最近姜小牙**接二连三**地倒霉。

近义词 反义词

近义词：接连不断 接踵而来

反义词：时断时续 断断续续

接二连三

我的钢笔丢了，你能安慰我一下吗？
好的，没问题。
人生最可怕的事是什么，你知道吗？
是什么？
我得赶快找找。
钢笔丢了不可怕，可怕的是你连整个笔袋都丢了。
我的笔袋真的丢了，呜呜……
好吧，全当我没有安慰过你。

jià huò yú rén
嫁祸于人

解释

嫁：转移。把祸患转移到别人身上。

造句

米小圈相信铁头一定不会做出这种**嫁祸于人**的事情。

近义词 反义词

近义词：栽赃陷害

反义词：引咎自责

嫁祸于人

姜小牙的笔袋找不到了，大家帮他找找。
老师，我在车驰的椅子下发现了姜小牙的笔袋。
什么？
我猜一定是你拿的。
老师，真的不是我拿的。
我刚才看见了，是他把笔袋扔到车驰椅子下的。
我错了。
你居然敢嫁祸于人，叫你家长来一趟。

zhàn wéi jǐ yǒu
占为己有

解释

占：占有。把别人的东西当作自己的东西。

造句

铁头想把姜小牙的漫画书**占为己有**，姜小牙说什么也不同意。

近义词 反义词

近义词：据为己有

反义词：公诸同好

占为己有

郑浩同学写了一封检讨书，让他给大家念一念。
同学们，我错了，我不该拿别人的东西。
姜小牙的笔很漂亮，我特别喜欢，但那是别人的东西，我不该占为己有。
姜小牙你能原谅我吗？
好吧，我原谅你。

táo zhī yāo yāo
逃之夭夭

解释

原形容桃花茂盛鲜艳。后因“桃”与“逃”同音，故特指逃跑得无影无踪。

造句

姜小牙听说铁头要和自己比摔跤，赶快**逃之夭夭**了。

近义词 反义词

近义词：溜之大吉 临阵脱逃

反义词：插翅难逃

逃之夭夭

wú shì shēng fēi
无 事 生 非

解释

本来没有事，却故意制造事端，惹出麻烦。

造句

张爽这个人就是喜欢**无事生非**。

近义词 反义词

近义词：惹是生非 无理取闹 无中生有

反义词：息事宁人 安分守己

无事生非

米小圈，你刚才是不是去踢足球了？
是又怎样？
以后不许踢足球。
哼！你就会多管闲事，无事生非。
米小圈，你是不是刚才去踢足球了？
你怎么也来问我？
每次踢完足球你的脚都特别臭。
是吗？

xīn xǐ ruò kuáng
欣喜若狂

解释

狂：疯狂。形容高兴到了极点。

造句

米小圈得到了梦寐以求的遥控赛车，他**欣喜若狂**地跳了起来。

近义词 反义词

近义词：喜不自胜 心花怒放 兴高采烈

反义词：悲痛欲绝 郁郁寡欢

欣喜若狂

铁头，你这次是怎么考的？
怎么了？
你考了全班倒数第二名。
什么？
哈哈哈哈……我终于不是倒数第一了。
哈哈哈哈……
讨厌！竟然敢比我考得好。

jǐng dǐ zhī wā
井底之蛙

解释

井底下的青蛙只能看到井口那么大的一块天。比喻见识狭小。

造句

听李黎说了那么多奇闻轶事，此刻米小圈觉得自己简直就是**井底之蛙**。

近义词 反义词

近义词：坐井观天 一孔之见

反义词：见多识广 博古通今

井底之蛙

同学们，我们应该多增加见识，否则就是井底之蛙。
我明白了。
米小圈，你干什么去？
教室太小了，我不想老坐在教室里成为井底之蛙。
你给我回来。
一只青蛙被抓住了。
米小圈，你真是想出去增加见识吗？
其实我是想去踢足球。

zhòng mù kuí kuí

众目睽睽

解释

睽睽：睁大眼睛注意看的样子。大家的眼睛都睁得大大地注视着。

造句

他竟然在**众目睽睽**之下偷东西，被警察逮了个正着。

近义词 反义词

近义词：大庭广众 光天化日 有目共睹

反义词：旁若无人

众目睽睽

米小圈，你竟然敢在众目睽睽之下做这种事。
老师，我做什么了？
你上课偷看漫画书。
我没有。
啊？
你看你的课本都拿反了。
米小圈，你太过分了。
老师，我再也不敢了。

nòng xū zuò jiǎ
弄虚作假

解释

通过作假来骗人。

造句

米小圈从来不会**弄虚作假**。

近义词 反义词

近义词：欺上瞒下 瞒天昧地

反义词：实事求是 脚踏实地

弄虚作假

今天居然留了100道题。
是呀！好多作业呀。
作业本
有了！我想到一个好办法。
什么好办法？
作业本
我们可以每人写两遍50道题。
好主意！
作业本
我的50道题写好了，给你。
我的也写好了，给你。
作业本

jiàn jī xíng shì

见机行事

解释

机：时机。看准适当时机灵活地处理事情。

造句

米小圈让铁头在这次比赛中**见机行事**。

近义词 反义词

近义词：见机而行 随机应变

反义词：刻舟求剑 一成不变

见机行事

魏老师要我们去办公室一趟。
完了！一定是互换作业的事被发现了。
这可怎么办呀？
别慌，我们一定要见机行事。
你们作业的答案为什么一模一样？
这纯属巧合。
没错！
这么荒唐的错误也是巧合吗？
13×21=1321

tīng tiān yóu mìng

听天由命

解释

天：天意。命：命运。听凭命运摆布，不做主观努力。

造句

米小圈觉得自己该做的都已经做了，现在只能**听天由命**了。

近义词 反义词

近义词：顺其自然 听之任之

反义词：人定胜天 事在人为

听天由命

铁头，你这次考得怎么样？
我只能听天由命了。
好多题我都是瞎蒙的。
那你死定了。
铁头，你这次考了80分。
什么？瞎蒙的也能得80分。
铁头的命可真好。
米小圈，你考了50分。
早知道我也瞎蒙了。

成语填空

						表		
		风		浪		里		
	师				心		止	
				略			筹	落
	众		周					
		里		一		糊		出
不		所		事	如			入
					千		万	

（答案见 133 页）

成语填空

（答案见 133 页）

画蛇添足

参考答案

第 42 页答案

画蛇添足

第 43 页答案

悬崖勒马

第 84 页答案

鸦雀无声

第 85 页答案

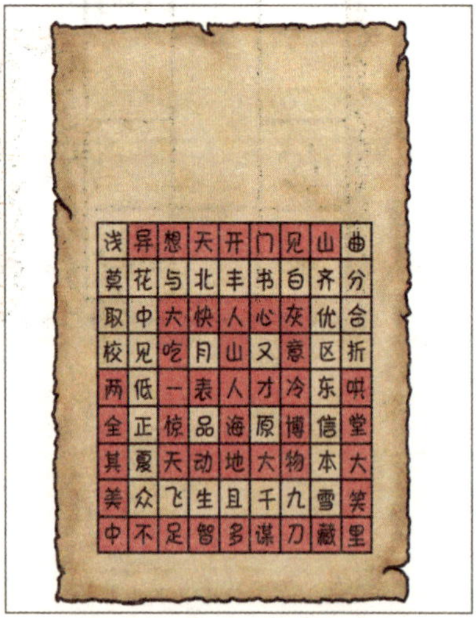

浅	异	想	天	开	门	见	山	曲
莫	花	与	北	丰	书	白	齐	分
取	中	大	快	人	心	灰	优	合
校	见	吃	月	山	又	意	区	折
两	低	一	表	人	才	冷	东	哄
全	正	惊	品	海	原	博	信	堂
其	夏	天	动	地	大	物	本	大
美	众	飞	生	且	千	九	雪	笑
中	不	足	智	多	谋	刀	藏	里

第 130 页答案

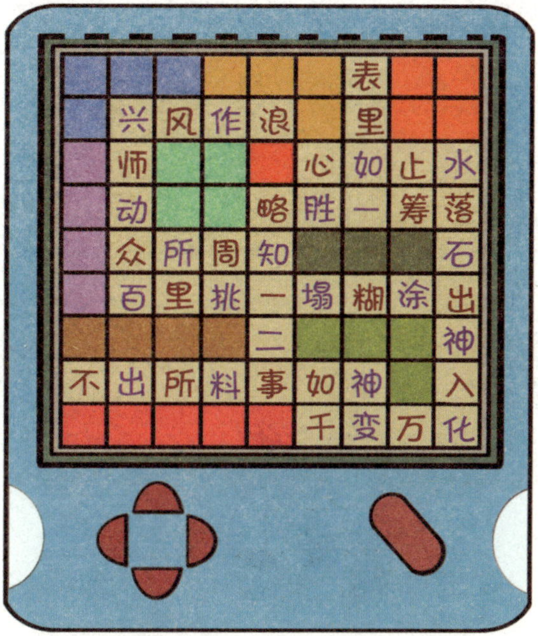

第 131 页答案

图书在版编目(CIP)数据

画蛇添足 / 北猫编著. —2 版. —成都：四川少年儿童出版社，2019.10（2021.4 重印）
（米小圈漫画成语）
ISBN 978-7-5365-9615-3

Ⅰ. ①画… Ⅱ. ①北… Ⅲ. ①漫画—作品集—中国—现代②汉语—成语—少儿读物 Ⅳ. ①J228.2②H136.31-49

中国版本图书馆 CIP 数据核字（2019）第 201971 号

出版人 常 青

策 划 黄 政 明 琴
责任编辑 黄 政
封面设计 刘 亮
责任校对 覃 秀
责任印制 王 春

HUASHE TIANZU

书 名 画蛇添足
编 著 北 猫
出 版 四川少年儿童出版社
地 址 成都市槐树街 2 号
网 址 http://www.sccph.com.cn
网 店 http://scsnetcbs.tmall.com
经 销 新华书店
图文制作 喜唐平面设计工作室
印 刷 成都紫星印务有限公司
成品尺寸 202mm × 175mm
开 本 24
印 张 6
字 数 120 千
版 次 2020 年 1 月第 2 版
印 次 2021 年 4 月第 38 次印刷
书 号 ISBN 978-7-5365-9615-3
定 价 22.00 元

小朋友们，想把发生在你身边的趣事告诉北猫叔叔吗？

快快拿起手机，给他发送微信吧！等你哟！

找 到北猫叔叔

听 “米小圈”广播剧

获 得米小圈定制文具

抽 奖得北猫叔叔签名书

快来扫一扫吧！